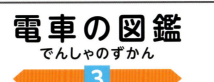

電車の図鑑
でんしゃのずかん
3

町の電車
（まち）（でん）（しゃ）

監修・坂 正博　写真・松本正敏

電車の図鑑❸ 町の電車 もくじ

北海道・東北の近郊型電車
JR函館本線・JR室蘭本線・JR石北本線・JR石勝線 …… 4
JR宗谷本線・JR千歳線・JR釧網本線・道南いさりび鉄道・JR五能線・JR男鹿線 …… 5
JR仙石線・JR奥羽本線・JR磐越西線・JR磐越東線・JR只見線・青い森鉄道・弘南鉄道 …… 6
津軽鉄道・三陸鉄道・IGRいわて銀河鉄道・秋田内陸縦貫鉄道・由利高原鉄道・
会津鉄道・福島交通・阿武隈急行 …… 7

首都圏のJR通勤型電車
JR東海道本線・JR上野東京ライン・JR湘南新宿ライン …… 8
JR山手線・JR京浜東北線・JR埼京線 …… 9
JR横須賀線・JR総武線・JR中央線・青梅線・五日市線・JR武蔵野線 …… 10
JR南武線・JR鶴見線・JR横浜線・JR相模線 …… 11
JR高崎線・JR東北本線・JR常磐線・JR京葉線 …… 12
JR内房線・JR外房線・JR成田線・JR水戸線・JR烏山線 …… 13
房総半島ではこんな列車も …… 13

首都圏の私鉄電車
小田急電鉄・西武鉄道 …… 14
京王電鉄・京浜急行電鉄 …… 15
東急電鉄・東武鉄道・京成電鉄 …… 16
相模鉄道・新京成電鉄・北総鉄道・つくばエクスプレス・横浜高速鉄道・江ノ島電鉄 …… 17

関東のローカル私鉄
銚子電気鉄道・秩父鉄道・小湊鐵道・いすみ鉄道・真岡鐵道・関東鉄道 …… 18
上毛電気鉄道・鹿島臨海鉄道・わたらせ渓谷鐵道・ひたちなか海浜鉄道・上信電鉄・小田急箱根鉄道線 …… 19

中部地方のJR近郊型電車
JR東海道本線・JR関西本線・JR中央本線・JR北陸本線 …… 20
JR信越本線・JR高山本線・JR大糸線・JR篠ノ井線・JR飯田線・JR小海線・JR七尾線 …… 21

中部地方の私鉄電車
伊豆急行・静岡鉄道・伊豆箱根鉄道・大井川鐵道・岳南電車・遠州鉄道・天竜浜名湖鉄道 …… 22
名古屋鉄道・名古屋臨海高速鉄道・四日市あすなろう鉄道・三岐鉄道・伊賀鉄道・近江鉄道 …… 23
富士山麓電気鉄道・アルピコ交通・長野電鉄・しなの鉄道・上田電鉄・
えちごトキめき鉄道 …… 24
富山地方鉄道・あいの風とやま鉄道・IRいしかわ鉄道・黒部峡谷鉄道・
ハピラインふくい・えちぜん鉄道・のと鉄道・北陸鉄道 …… 25

近畿・中国・四国のJR電車

JR大阪環状線・JR阪和線・JR京都・神戸線 …… 26
JR山陽本線・JR山陰本線・JR福知山線・JR紀勢本線 …… 27
JR宇野線・JR播但線・JR小野田線・JR伯備線 …… 28
JR瀬戸大橋線・JR予讃線・JR土讃線・JR高徳線 …… 29

近畿・中国・四国の私鉄電車

近畿日本鉄道・阪急電鉄 …… 30
阪神電気鉄道・京阪電気鉄道・南海電気鉄道 …… 31
叡山電鉄・京都丹後鉄道・泉北高速鉄道・山陽電気鉄道 …… 32
神戸電鉄・井原鉄道・和歌山電鐵・一畑電車・若桜鉄道・土佐くろしお鉄道 …… 33

九州の近郊型電車

JR鹿児島本線・JR日豊本線・JR久大本線・JR長崎本線 …… 34
JR大村線・平成筑豊鉄道・西日本鉄道・熊本電気鉄道・南阿蘇鉄道 …… 35

全国の地下鉄電車

札幌市交通局・仙台市交通局・東京メトロ【銀座線】・【東西線】・【丸ノ内線】 …… 36
東京メトロ【有楽町線】・【千代田線】・【日比谷線】・【半蔵門線】・【南北線】・【副都心線】 …… 37
東京都交通局【都営新宿線】・【都営三田線】・【都営浅草線】・【都営大江戸線】・横浜市交通局 …… 38
名古屋市交通局・京都市交通局・Osaka Metro・神戸市交通局・福岡市交通局 …… 39

全国の路面電車・モノレール

札幌市電・函館市電・都電荒川線・東急世田谷線・東京モノレール・多摩都市モノレール …… 40
ゆりかもめ・湘南モノレール・千葉都市モノレール・埼玉新都市交通・宇都宮ライトレール・リニモ・富山地方鉄道 …… 41
万葉線・京福電気鉄道・阪堺電気軌道・大阪モノレール・岡山電気軌道・広島電鉄 …… 42
広島高速交通・伊予鉄道・とさでん交通・北九州高速鉄道・熊本市電・長崎電気軌道・鹿児島市電・ゆいレール …… 43

全国で活やくするJR電気機関車

EH500形・EH200形・EH800形 …… 44
DF200形・EF210形・EF510形 …… 45

さくいん …… 46

この本では、おもにロングシート（進行方向に対して横にならぶ座席）で構成される電車を「通勤型」、おもにクロスシート（ボックスシートのように進行方向に対してたてにならぶ座席）で構成される電車を「近郊型」とよびます。
本文中に出てくる地名は、一部をのぞいて駅名を示します。また、この本で紹介する路線は、全国のすべての鉄道路線ではありません。

北海道・東北の近郊型電車

変化にとんだ地形の中を、列車が行き来しています。山間部などでは非電化区間がのこり、気動車（軽油で走るディーゼルカー）が1両編成で走る路線もあります。

JR 函館本線

◀北海道の函館から長万部や札幌をとおって、旭川までをむすぶ長い路線です。「北斗」や「カムイ」、「エアポート」など、多くの特急列車や快速電車が行き来しています。写真は733系電車です。

JR 室蘭本線

▶函館本線の長万部から東室蘭や苫小牧をとおって岩見沢までをむすぶ路線で、東室蘭〜室蘭間までをふくみます。写真は室蘭〜札幌間を走る737系電車です。

JR 石北本線

◀新旭川から北見をとおって網走までをむすぶ東西にのびる路線です。名前は「石狩」と「北見」からとっています。特急「オホーツク」のほか、写真のH100形気動車も活やくしています。

JR 石勝線

▶千歳線の南千歳から、けわしい山間部をとおって北海道中部の新得までをむすぶ路線です。「北海道の背骨」とよばれる日高山脈を横ぎるため、多くのトンネルをとおります。写真のキハ150形は、南千歳〜新夕張間を走っています。

●北海道・東北の近郊型電車●

JR宗谷本線

▲旭川と日本最北の鉄道駅・稚内をむすぶ路線です。写真のH100形は発電用エンジンで走る新しい気動車で、長く北海道で活やくしたキハ40形をおきかえるために導入されました。

JR千歳線

▲沼ノ端と白石をむすぶ本線と、南千歳と新千歳空港をむすぶ支線からなります。写真は、小樽・札幌〜新千歳空港間を走る733系「快速エアポート」です。

JR釧網本線

▲釧路湿原などの観光地をとおり、東釧路と網走をむすびます。写真は冬の鉄橋をわたるキハ54形です。

道南いさりび鉄道

▲函館の五稜郭と北海道新幹線の停車駅・木古内を海沿いにむすぶ私鉄です。車両はJR北海道からゆずりうけたキハ40形です。

JR五能線

▲秋田県の東能代と青森県の川部を海岸づたいにむすびます。写真は新型気動車のGV-E400系です。

JR男鹿線

▲秋田県の男鹿半島の南側をとおり、追分と男鹿をむすぶ路線です。写真は蓄電池で走るEV-E801系です。

5

JR 仙石線

◀宮城県の仙台をとおって、あおば通と石巻をむすぶ路線です。通勤や通学のほか、松島への観光などによく利用されています。写真の205系は、仙石線用に投入された車両です。

JR 奥羽本線

▲東北地方の山間部をとおり、福島と青森をむすぶ長い路線です。とちゅうで、秋田新幹線や山形新幹線が乗り入れています。写真の701系は、寒さや雪への対策がされた車両です。

JR 磐越西線

▲福島県の郡山～喜多方の電化区間と、喜多方～新潟県の新津の非電化区間からなる路線です。写真は会津若松～新津間を走るGV-E400系気動車です。

JR 磐越東線

▲福島県のいわきと郡山をむすぶ路線です。写真は全線でつかわれているキハ110系です。

JR 只見線

▲雪の多い地域をとおり、会津若松と新潟県の小出をむすびます。写真はキハE120形気動車です。

青い森鉄道

▲青森県の八戸をとおって目時と青森をむすぶ私鉄です。写真は青い森701系です。

弘南鉄道

▲青森県の弘前と黒石をむすぶ弘南線と、大鰐と中央弘前をむすぶ写真の大鰐線があります。

◆北海道・東北の近郊型電車◆

津軽鉄道
▲青森県の津軽五所川原と津軽中里をむすぶ私鉄で、冬のストーブ列車が有名です。写真は津軽21形気動車です。

三陸鉄道
▲岩手県北部の久慈と南部の盛を、海ぞいにむすぶ長い私鉄で、「三鉄」とよばれて親しまれています。東日本大震災で大きな被害をうけましたが、リアス線として全線が復活しました。

IGRいわて銀河鉄道
▲岩手県の盛岡と青森県の目時をむすぶ私鉄です。写真は主力のIGR7000系です。

秋田内陸縦貫鉄道
▲秋田県の鷹巣と角館をむすびます。写真の観光列車「秋田マタギ号」が走っています。

由利高原鉄道
▲鳥海山ろく線が、秋田県の羽後本荘と矢島をむすんでいます。写真はYR-3000形気動車です。

会津鉄道
▲会津線が福島県の西若松と会津高原尾瀬口をむすびます。写真はAT-400形・350形です。

福島交通
▲飯坂線が福島県の飯坂温泉と福島をむすんでいます。写真は元東急の1000系です。

阿武隈急行
▲福島と宮城県の槻木をむすび、一部は仙台まで乗り入れています。写真は8100系です。

首都圏のJR通勤型電車

首都東京やそのまわりには、たくさんのJR路線があり、朝早くから夜おそくまでいろいろな通勤型の車両が走っています。多くの路線で直通運転も行われています。

JR東海道本線

◀東京と神戸をむすぶ東海道本線全線のうち、東京〜熱海がJR東日本の路線です。車体に「湘南色」とよばれるオレンジ色と緑色がつかわれています。写真のE233系は、JR東日本ではばひろくつかわれている主力車両です。

JR上野東京ライン

▶上野と東京をとおり、東北本線、高崎線、常磐線と東海道本線を直通運転する路線の愛称です。写真はE231系で、4号車と5号車が2階建てのグリーン車になっています。

JR湘南新宿ライン

◀山手線の新宿をとおり、東北本線や高崎線と、東海道本線や横須賀線を直通運転する路線の愛称です。こちらもE231系で、いくつかの路線に乗り入れるため、毎日とても長い距離を走ります。

JR 山手線

▶東京の品川を起点に、渋谷、新宿、池袋などをとおって、東京の中心部を輪をかくように走ります。E235系は山手線用に開発された車両で、横須賀線や総武快速線でもつかわれるようになりました。先頭車の前面やドア、車内のつりかわなどに黄緑色がつかわれています。

JR 京浜東北線

◀東京をとおって、埼玉県の大宮と神奈川県の横浜をむすぶ路線です。横浜〜大船間の根岸線との乗り入れが行われています。主力車両はE233系で、ライトブルーの帯が目じるしです。

JR 埼京線

▶新宿や赤羽をとおり、東京の大崎と大宮をむすぶ、通勤や通学によく利用される路線です。山手線や赤羽線、東北本線の一部をとおっています。写真はE233系で、青緑色の帯が目じるしです。

JR横須賀線

▶神奈川県の久里浜と大船をむすぶ路線で、久里浜から東京まで、さらに総武快速線で千葉県の成田方面などにも直通運転されています。写真の車両はE235系1000番台で、横須賀カラーの藍色とアイボリーが目じるしです。

JR総武線

◀千葉と東京の三鷹をむすぶ路線で、総武快速線に対して総武緩行線とよばれ、各駅に停車します。写真のE231系が主力車両で、黄色いラインが目じるしです。

JR中央線・青梅線・五日市線

▶中央線は東京と高尾や山梨県の大月、青梅線は中央線の立川と奥多摩、五日市線は青梅線の拝島と武蔵五日市をむすぶ路線です。主力の車両は写真のE233系です。2024年からは、中央線（東京〜大月）と青梅線（東京〜青梅）に２階建てのグリーン車が連結されています。

JR武蔵野線

◀神奈川県の鶴見から東京の府中本町や埼玉県の南浦和をとおり、千葉県の西船橋をむすぶ、東京湾北部をぐるりとまわる路線です。写真のE231系は、府中本町から西船橋をとおって東京まで走っています。また、貨物列車もたくさん走っています。

● 首都圏のJR通勤型電車

JR 南武線

▶神奈川県の川崎と東京の立川をむすぶ路線です。途中の尻手から浜川崎まで南武支線が枝わかれしています。写真はE233系で、黄色とオレンジのラインが目じるしです。

JR 鶴見線

◀鶴見と川崎市の扇町などをむすぶ路線です。支線をふくめた全長9.7kmに13の駅があり、駅と駅との距離が短いのが特ちょうです。写真は新しく投入されたE131系です。

JR 横浜線

▶東神奈川と八王子をむすぶ路線です。東神奈川から横浜をとおり、磯子や大船まで直通運転される列車もあります。写真は主力のE233系で、2色のグリーンの帯が目じるしです。

JR 相模線

◀神奈川県の茅ヶ崎と神奈川県の橋本をむすぶ路線で、もともとは相模川の砂利をはこぶための路線でした。写真のE131系500番台は、乗客が押しボタンで開ける半自動ドアです。

11

JR 高崎線

▶埼玉県の大宮と群馬県の高崎をむすぶ路線です。高崎からは多くの列車が東京方面に直通運転されています。写真は主力のE233系3000番台です。

JR 東北本線

◀東京と岩手県の盛岡をむすぶ長い路線です。このうち、東京と栃木県の黒磯の間は、「宇都宮線」という愛称でよばれています。写真はE233系です。

JR 常磐線

▶東京の日暮里と宮城県の岩沼を太平洋側でむすび、長距離の特急列車などが走る路線です。このうち、東京の上野と茨城県の取手の間では、短い距離の通勤電車が走っています。写真はE531系です。

JR 京葉線

◀東京と千葉県の南船橋、西船橋と蘇我をむすぶ路線です。蘇我から外房線などに直通します。京葉線は赤い帯が目じるしで、写真のE233系がかつやくしています。

● 首都圏のJR通勤型電車

JR内房線

▲房総半島南部をまわり、千葉県の蘇我と安房鴨川をむすびます。写真はE131系で、ワンマンの表示が青です。

JR外房線

▲茂原をとおり、千葉と安房鴨川をむすびます。外房線のE131系はワンマンの表示が赤です。

JR成田線

▲千葉県の佐倉と、松岸や我孫子、成田や成田空港をむすびます。写真は209系です。

JR水戸線

▲栃木県の小山と茨城県の友部をむすびます。写真はE531系で、むかしの水戸線などの色を復活させた塗装です。

JR烏山線

▲栃木県の宝積寺と烏山をむすぶ路線です。写真はリチウムイオン電池で走る新しいEV-E301系です。

房総半島ではこんな列車も

サイクリングがさかんな房総半島の各路線を走る209系「BOSO BICYCLE BASE」。自転車を折りたたまずに持ちこむことができます。

首都圏の私鉄電車

首都東京やそのまわりでは、多くの私鉄電車も走り、都心の会社や学校への通勤通学につかわれています。一部をのぞいて、ここではおもな私鉄を会社名で紹介します。

小田急電鉄

◀東京と神奈川県方面をカバーする大手私鉄です。メインの小田原線は、新宿と神奈川県の小田原をむすぶ長い路線です。箱根登山電車や東京メトロ千代田線と直通運転を行っています。ほかに相模大野と片瀬江ノ島をむすぶ江ノ島線もあります。

▲新宿へと向かう急行列車。車両は通勤型の5000形。

▶通勤型車両の3000形。

西武鉄道

▶東京と埼玉県方面をカバーする大手私鉄です。西武新宿と本川越をむすぶ新宿線、池袋と埼玉県の吾野をむすぶ池袋線のほか、多摩湖線や国分寺線などの支線があります。

▲西武新宿線の急行電車。車両はたまご形で「スマイルトレイン」の愛称をもつ、通勤型車両の30000系。

◀池袋へと向かう通勤型車両の20000系。

京王電鉄

▶東京西部をカバーする大手私鉄です。新宿と京王八王子をむすぶメインの京王線のほか、調布と橋本をむすぶ相模原線、高尾山口までの高尾線などがあります。都営地下鉄新宿線などと直通運転を行っています。

▲新宿へと向かう5000系急行電車。一部の時間帯では、有料座席指定車「京王ライナー」にも使用されます。

▲新宿へと向かう通勤型の8000系。ステンレスの車体に、アイボリーのマスクが特ちょう。

▲京王電鉄の路線ながら、京王線と独立して、渋谷と吉祥寺をむすぶ井の頭線。全部で7色の「レインボーカラー」の塗装が有名で、写真はサーモンピンクの1000系。

◀おもに本線の快特（快速特急）として活やくする通勤型の2100形。

京浜急行電鉄

▲東京と神奈川県方面をカバーする大手私鉄で、「京急」の名前でよばれています。品川や泉岳寺と神奈川県の浦賀をむすぶ京急本線、空港線や大師線、逗子線、三崎口までのびる久里浜線などがあります。都営浅草線や京成線などと直通運転を行っています。

▼大幅に車両の設計が変わり、フランス語で空を意味する「Le ciel」の愛称がついた1000形。

東急電鉄

▶東京の渋谷にある大手私鉄で、「東京急行」が名前のもとになっています。渋谷と横浜をむすぶ東横線、渋谷と中央林間をむすぶ田園都市線のほか、目黒線、大井町線、池上線などがあり、それぞれ多くの他社路線と直通運転を行っています。

▲東武南栗橋から中央林間へと向かう急行電車。車両は田園都市線用の通勤型2020系。

◀東横線の主力の通勤型5050系。

東武鉄道

◀東京から北関東方面をカバーする大手私鉄です。浅草と群馬県の伊勢崎をむすぶ伊勢崎線、池袋と埼玉県の寄居をむすぶ東上線のほか、日光線や鬼怒川線、野田線など、ひろいエリアに12の路線があります。

▲乗り入れ先の東急田園都市線の中央林間へと向かう伊勢崎線(東武スカイツリーライン)の急行電車。車両は通勤型の50050系。

▶東京メトロ日比谷線への乗り入れが行われる日光線を走る70000系。

京成電鉄

▶東京から千葉県方面をカバーする大手私鉄です。京成上野と成田空港をむすぶ本線のほか、押上線、金町線、千葉線などがあります。写真は千葉線を走る通勤型車両3000形です。

首都圏の私鉄電車

相模鉄道
▲「相鉄」とよばれ、本線が神奈川県の横浜と海老名をむすびます。写真は特急につかわれる9000系です。

新京成電鉄
▲千葉県の松戸と京成津田沼をむすびます。白とピンクの車体が目じるしです。写真はN800形です。
※新京成電鉄の路線は、2025年4月1日に京成電鉄と統合される予定です。

北総鉄道
▲東京の京成高砂と千葉県の印旛日本医大をむすびます。「スカイライナー」のほかに、写真の7500形などが走っています。

つくばエクスプレス
▲首都圏新都市鉄道の路線で、秋葉原と茨城県のつくばを最高時速130kmの高速運転でむすびます。写真は秋葉原に向かうTX-3000系です。

横浜高速鉄道
▲みなとみらい線が、横浜と元町・中華街をむすび、東急東横線などと直通運転を行っています。写真はY500系の急行電車です。横浜高速鉄道には、ほかにこどもの国線もあります。

江ノ島電鉄
▲海ぞいに神奈川県の鎌倉と藤沢をむすび、「江ノ電」の愛称でよばれる人気の路線です。写真は1000形です。

関東のローカル私鉄

関東地方には多くのローカル私鉄線もあります。地域の足として活やくし、ほかの鉄道会社からきた古い車両も、元気に走っています。ここでも会社名で紹介します。

銚子電気鉄道 ▲千葉県の銚子と外川をむすびます。写真は南海電鉄からきた22000形です。

秩父鉄道 ▲埼玉県の羽生と三峰口をむすんでいます。写真は7800系です。

小湊鐵道 ▲千葉県の五井と上総中野をむすびます。写真はキハ200形気動車です。

いすみ鉄道 ▲千葉県の大原と上総中野をむすびます。写真はいすみ350形気動車です。

真岡鐵道 ▲真岡線が茨城県の下館と栃木県の茂木をむすびます。写真はモオカ14形気動車です。

関東鉄道 ▲茨城県の取手と下館をむすび、写真のキハ2300形が走る常総線と、佐貫と竜ヶ崎をむすぶ竜ヶ崎線があります。

関東のローカル私鉄

上毛電気鉄道
▲上毛線が群馬県の中央前橋と西桐生をむすびます。写真は京王井の頭線からきた700形です。

鹿島臨海鉄道
▲茨城県の水戸と鹿島サッカースタジアムなどをむすぶ大洗鹿島線と、鹿島臨港線があります。

わたらせ渓谷鐵道
▲渓谷ぞいに群馬県の桐生と栃木県の間藤をむすんでいます。写真はWKT-510形気動車です。

ひたちなか海浜鉄道
▲湊線が茨城県の勝田と阿字ヶ浦をむすんでいます。写真はキハ11形気動車です。

上信電鉄
▲群馬県の高崎と下仁田をむすんでいます。写真は群馬県のキャラクターをイメージした「ぐんまちゃん列車」の500形です。

小田急箱根鉄道線
▲鉄道線が神奈川県の小田原と強羅をむすんでいます。本格的な登山電車で、上り下りで進行方向をかえてジグザグ運転するスイッチバックが行われます。2024年に社名が変わりました。

19

中部地方のJR近郊型電車

中部地方では、多くの近郊型電車が長距離を走っています。山間部を走ることができるように、上り下りや雪に対応する電車が見られます。

JR 東海道本線

◀東京と神戸をむすぶ東海道本線全線のうち、ここでは静岡県の熱海から滋賀県の米原までの区間を紹介します。写真は岐阜県の大垣へ向かう311系です。

JR 関西本線

▶名古屋と大阪の難波をむすぶ関西本線のうち、ここでは名古屋と三重県の亀山までの区間を紹介します。写真はキハ75形気動車の快速「みえ」です。

JR 中央本線

◀長野県の塩尻経由で東京と名古屋をむすぶ中央本線全線のうち、名古屋〜長野県の塩尻の区間を紹介します。写真は中津川へ向かう、この区間の主力車両315系です。

JR 北陸本線

▶琵琶湖の東側をとおり、福井県の敦賀と滋賀県の米原をむすぶ路線です。写真の車両は223系です。

● 中部地方のJR近郊型電車

JR信越本線
▲新潟県と長野県をむすぶ全線のうち、新潟と直江津をむすぶ区間を紹介します。写真は雪対策をしたE129系です。

JR高山本線
▲岐阜県の高山を経由して岐阜と富山をむすぶ山間部の長い路線です。写真は飛騨川をわたるキハ25形です。

JR大糸線
▲北アルプスの東側をとおり、長野県の松本と新潟県の糸魚川をむすぶ路線です。写真はE127系です。

JR篠ノ井線
▲長野県の篠ノ井と塩尻をむすぶ路線です。途中の姥捨で、スイッチバックが行われます。写真は313系です。

JR飯田線
▲けわしい谷をとおり、愛知県の豊橋と長野県の辰野をむすぶ路線です。写真は313系です。

JR小海線
▲山梨県の小淵沢と長野県の小諸をむすぶ路線です。日本一標高の高い野辺山駅をとおります。写真はキハ110系気動車です。

JR七尾線
▲石川県の津幡と能登半島の和倉温泉をむすぶ路線です。写真は521系です。

中部地方の私鉄電車

中部地方でも、いろいろな町で小さな規模の私鉄路線があり、多くの個性的な車両が走っています。ここでも私鉄の会社名で紹介します。

伊豆急行
▲海沿いに静岡県の伊東と伊豆急下田をむすびます。写真は3000系です。

静岡鉄道
▲JR静岡駅から少し離れた新静岡と新清水をむすびます。写真はA3000形です。

伊豆箱根鉄道
▲駿豆線が静岡県の三島と修善寺をむすびます。写真は3000系です。ほかに神奈川県の小田原と大雄山をむすぶ大雄山線があります。

大井川鐵道
▲機関車トーマス号も走る、静岡県の金谷と千頭をむすぶ大井川本線と、千頭と井川をむすぶ井川線があります。写真はもと南海の21000系です。
※2025年1月現在 川根温泉笹間渡～千頭間不通

岳南電車
▲静岡県の吉原と岳南江尾をむすびます。写真は7000形です。

遠州鉄道
▲静岡県の新浜松と西鹿島をむすびます。写真は1000形です。

天竜浜名湖鉄道
▲静岡県の掛川と新所原をむすびます。写真はTH2100形です。

中部地方の私鉄電車

名古屋鉄道

▶名古屋市にある大手私鉄で「名鉄」ともよばれています。名古屋をとおって名鉄岐阜と愛知県の豊橋をむすぶ名古屋本線のほか、犬山線、瀬戸線、常滑線など、多くの支線があり、パノラマカーなどのいろいろなタイプの車両をもつことでも知られています。写真は名古屋本線を行く3300系です。

名古屋臨海高速鉄道

▲あおなみ線が、名古屋と伊勢湾に面した金城ふ頭をむすんでいます。もともとはJRの貨物路線でした。写真は1000形です。

四日市あすなろう鉄道

▲三重県のあすなろう四日市と内部をむすぶ内部線と、日永と西日野をむすぶ八王子線があります。写真は内部線を走る260系です。

三岐鉄道

▲三重県の富田と西藤原をむすぶ三岐線と、西桑名と阿下喜をむすぶ北勢線などがあります。写真は三岐線を走る、西武鉄道からきた801系です。

伊賀鉄道

▲三重県の伊賀上野と伊賀神戸をむすんでいます。写真は、忍者の顔がペイントされた「忍者列車」の200系です。

近江鉄道

▲滋賀県の米原と貴生川をむすぶ本線のほかに、多賀線や八日市線があります。写真は本線の鉄橋をわたる100形です。

23

富士山麓電気鉄道

▲山梨県の大月と富士山や河口湖をむすんでいます。写真は6000系です。

アルピコ交通

▲上高地線が長野県の松本と新島々をむすんでいます。写真は3000系です。

長野電鉄

▲長野線が長野と湯田中をむすびます。写真は東京メトロからきた3000系です。

しなの鉄道

▲長野県の軽井沢と篠ノ井をむすぶしなの鉄道線のほかに、長野と妙高高原をむすぶ北しなの線があります。写真は最新型のSR1系です。

上田電鉄

▲別所線が長野県の上田と別所温泉をむすびます。写真は丸い窓が特ちょうの1000系です。

えちごトキめき鉄道

▲新潟県の妙高高原と直江津をむすぶ「妙高はねうまライン」と、市振と直江津をむすぶ「日本海ひすいライン」があります。写真は「妙高はねうまライン」のET127系です。

中部地方の私鉄電車

富山地方鉄道
▲電鉄富山と宇奈月温泉をむすぶ本線のほかに、立山線、富山軌道線などがあります。写真は本線を走る、京阪電鉄からきた10030形です。

あいの風とやま鉄道
▲石川県の倶利伽羅から、富山をとおって新潟県の市振をむすびます。写真は521系です。

IRいしかわ鉄道
▲石川県の大聖寺と倶利伽羅をむすんでいます。写真は521系です。

黒部峡谷鉄道
▲けわしい谷ぞいに富山県の宇奈月と欅平をむすびます。観光用のトロッコ列車が走っています。

ハピラインふくい
▲2024年3月に、北陸新幹線の敦賀への延伸のときにできた私鉄で、敦賀と大聖寺をむすんでいます。写真は521系です。

えちぜん鉄道
▲福井と勝山をむすぶ勝山永平寺線と、福井口と三国港をむすぶ三国芦原線があります。

のと鉄道
▲石川県の七尾・和倉温泉と穴水をむすんでいます。写真はNT200形気動車です。

北陸鉄道
▲石川県の野町と鶴来をむすぶ写真の石川線と、北鉄金沢と内灘をむすぶ浅野川線があります。

25

近畿・中国・四国のJR電車

近畿地方や中国・四国地方の電車です。近畿では多くの通勤型の電車がいそがしく行き来し、一方中国や四国には気動車が走る非電化ののんびりとした路線もあります。

JR 大阪環状線

◀天王寺、京橋、大阪、新今宮などをとおり、大阪市の中心部を輪をかくように走っています。車体のオレンジ色のラインが目じるしです。写真は主力車両の323系です。

JR 阪和線

▶大阪の天王寺と和歌山を大阪湾ぞいにむすぶ路線です。南海本線と並行して走っています。写真は区間快速として走る主力車両の225系です。

JR 京都・神戸線

◀東京と神戸をむすぶ東海道本線のうち、京都から大阪までは「JR京都線」、大阪から兵庫県の姫路までは「JR神戸線」の愛称でよばれています。「新快速」として、写真の223系などが滋賀県の米原方面から姫路方面まで、直通で運転されています。

近畿・中国・四国のJR電車

JR 山陽本線

◀瀬戸内海ぞいに神戸と福岡県の門司までをむすぶ長い路線です。そのうち、大阪と姫路までは「JR神戸線」という愛称でよばれています。岡山地区では、写真の黄色に塗装された国鉄時代からの115系が走っています。

JR 山陰本線

▶日本海ぞいをとおり、京都と山口県の幡生までをむすぶ長い路線で、ふつうは幡生のとなりの下関まで走ります。写真は福知山〜城崎温泉間を走る223系です。

JR 福知山線

◀兵庫県の尼崎と京都府の福知山をむすぶ路線です。このうち宝塚をとおる区間は「JR宝塚線」の愛称でよばれています。写真は223系です。

JR 紀勢本線

▶三重県の亀山と和歌山市をむすぶ路線です。このうち、亀山〜新宮がJR東海エリア、新宮〜和歌山市がJR西日本エリアです。写真は古座川をわたる主力車両の227系です。

JR宇野線

▶岡山県の宇野と岡山をむすぶ路線です。写真の227系500番台は「Urara」の愛称で親しまれ、岡山エリアで活やくしています。

JR播但線

▲兵庫県の姫路と和田山をむすぶ路線です。姫路〜寺前間が電化区間で、写真の103系が走っています。

JR小野田線

▲山口県の居能と小野田をむすび、長門本山への分岐の路線があります。写真はクモハ123系です。

JR伯備線

◀岡山県の倉敷と鳥取県の伯耆大山をむすぶ路線です。写真は岡山から米子〜西出雲間を走る113系です。

近畿・中国・四国のJR電車

JR瀬戸大橋線

▶瀬戸大橋をとおり、岡山と香川県の高松までの区間をよぶときの愛称です。写真はJR四国の5000系快速「マリンライナー」です。

JR予讃線

◀愛媛県の松山をとおり、瀬戸内海ぞいに香川県の高松と愛媛県の宇和島までをむすぶ長い路線です。支線を合わせた全長が327kmにおよびます。写真は高松に向かう7000系です。

JR土讃線

▶高知をとおり、香川県の多度津と高知県の窪川をむすぶ、四国の山あいを縦断する路線です。多度津〜琴平間をのぞいて気動車が走ります。写真は1000形気動車です。

JR高徳線

◀瀬戸内海ぞいをとおり、高松と徳島をむすぶ路線です。全線が非電化区間です。写真は1500形気動車です。

29

近畿・中国・四国の私鉄電車

近畿地方では多くの大手私鉄の路線があり、JRをふくめてきそいあうように走っています。また中国・四国では、個性的で楽しい私鉄路線があります。

▲2024年10月にデビューした近鉄の新型通勤車両8A系。

近畿日本鉄道

◀近畿地方と東海地方に数多くの路線をもつ大手私鉄で、「近鉄」ともよばれています。大阪府の布施と近鉄奈良をむすぶ奈良線、京都と奈良の大和西大寺をむすぶ京都線、大阪上本町と三重県の伊勢中川をむすぶ大阪線、伊勢中川と近鉄名古屋をむすぶ名古屋線などがあります。特急から近郊型まで、車両のバリエーションもとても豊富です。

◀奈良線を走る急行電車の8810系。

▼梅田へと向かう神戸線の特急7000系。

阪急電鉄

▶大阪と京都、神戸などをむすぶ大手私鉄です。おもな路線に、大阪梅田と神戸三宮をむすぶ神戸線、大阪梅田と宝塚をむすぶ宝塚線、大阪の十三と京都河原町をむすぶ京都線などがあります。近郊型の電車は、すべての車両が「マルーン」とよばれる小豆色に統一されています。

◀京都河原町へと向かう京都線の8300系特急電車。

◆近畿・中国・四国の私鉄電車◆

阪神電気鉄道

◀大阪にある大手私鉄のひとつです。大阪梅田と神戸の元町をむすぶ阪神本線のほかに、阪神なんば線などがあります。

▲大阪梅田へと向かう本線の特急・急行用の1000系。

▲普通電車につかわれる5550系。

京阪電気鉄道

▶大阪にある大手私鉄のひとつで、京都や滋賀県にかけてをむすぶ路線があります。主要な京阪本線は大阪の淀屋橋と京都の三条をむすび、ほかに琵琶湖の西側を走る石山坂本線などがあります。写真は通勤型の7200系です。

南海電気鉄道

◀大阪にある大手私鉄のひとつで、とても古い歴史があります。大阪の中心部と和歌山県方面や高野山方面をむすんでいます。主要路線に、難波（なんば）と和歌山市をむすぶ南海本線や、大阪の汐見橋と和歌山県の極楽橋をむすぶ高野線があります。写真は本線を走る通勤型の8000系です。

31

叡山電鉄

◀京都府の出町柳と八瀬比叡山口をむすぶ叡山本線と、宝ヶ池と鞍馬をむすぶ鞍馬線があります。写真の緑色の電車は、700系を改造して観光用にした「ひえい」です。

京都丹後鉄道

▶京都府の西舞鶴と宮津をむすぶ宮舞線、宮津と兵庫県の豊岡をむすぶ宮豊線、宮津と京都府の福知山をむすぶ宮福線があります。写真は由良川をわたる宮津線のKTR700形気動車です。

泉北高速鉄道

◀大阪南部にある私鉄路線で、本線が大阪府の中百舌鳥と和泉中央をむすび、南海高野線と直通運転を行っています。写真は特急「泉北ライナー」12000系です。

※2025年4月に南海と統合する予定です。

山陽電気鉄道

▶神戸市にある私鉄で、神戸市の西代と兵庫県の山陽姫路をむすんで瀬戸内海ぞいを進む本線のほかに、網干線があります。阪急や阪神との直通運転が行われています。写真は阪神梅田に向かう特急電車の5000系です。

● 近畿・中国・四国の私鉄電車

神戸電鉄
▲神戸市にある私鉄で湊川と有馬温泉をむすぶ有馬線、湊川と新開地をむすぶ神戸高速線などがあります。写真は有馬線の5000系です。

井原鉄道
▲岡山県井原市にある私鉄で、井原線が総社と広島県の神辺をむすんでいます。写真は総社に向かうIRT355形です。

和歌山電鐵
▲貴志川線が和歌山県の貴志と和歌山をむすんでいます。貴志駅の駅長をねこがつとめたことで話題になりました。写真の「いちご電車」や「たま電車」など、2270系の改造車両が人気です。

一畑電車
▲島根県の電鉄出雲市と松江しんじ湖温泉をむすぶ北松江線と、川跡と出雲大社前をむすぶ大社線があります。写真は7000系です。

若桜鉄道
▲若桜線が鳥取県の郡家と若桜をむすびます。写真はWT3000形で、赤い車両はレトロな車内が人気の「八頭号」です。

土佐くろしお鉄道
▲高知県にある私鉄で、写真のオールステンレスの9640形気動車が走るごめん・なはり線や宿毛線、中村線があります。

33

九州の近郊型電車

JR九州の個性的な特急列車がひんぱんに行きかう路線で、九州の近郊型電車も地域の足として活やくしています。小さな私鉄路線にも注目してみましょう。

JR 鹿児島本線

◀福岡県の門司港から熊本県の八代までと、鹿児島県の川内から鹿児島までをむすぶ2つの路線です。もともとは九州の西側を南北に縦断する長い1本の路線でした。写真は熊本地区で活やくする815系です。

JR 日豊本線

▶九州の東側をとおって南北に縦断する長い路線で、大分や宮崎などをとおり、福岡県の小倉と鹿児島までをむすびます。写真は大分エリアを走る813系です。

JR 久大本線

◀福岡県の久留米と大分をむすぶ路線です。由布岳がそびえる雄大な高原の風景が有名で、とても人気があります。写真は近郊型として走る気動車のキハ200形です。

JR 長崎本線

▶佐賀県の鳥栖と長崎をむすびます。西九州新幹線の開業に合わせて、電化区間が鳥栖から肥前浜までとなりました。写真は817系です。

九州の近郊型電車

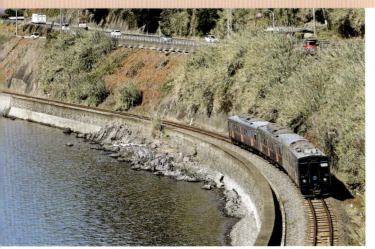

平成筑豊鉄道
▼福岡県の直方と田川伊田をむすぶ伊田線のほか、糸田線や田川線があります。写真は400形気動車の「なのはな号」です。

JR大村線
▲長崎県の早岐と諫早を海ぞいにむすぶ路線です。写真はYC1系気動車です。

西日本鉄道
▶福岡市の博多にある大手私鉄のひとつです。西鉄福岡と大牟田をむすぶ天神大牟田線や、西鉄二日市と太宰府をむすぶ太宰府線などがあります。写真は天神大牟田線を走る3000形です。

熊本電気鉄道
▲熊本県の上熊本と御代志をむすぶ菊池線と、北熊本と藤崎宮前をむすぶ藤崎線があります。写真は藤崎線を走る03形の「くまもん電車」です。

南阿蘇鉄道
▼熊本県の高森町と南阿蘇村をとおる私鉄です。高森線が、立野と高森をむすんでいます。写真はMT-4000形気動車です。

全国の地下鉄電車

首都圏などの大都市圏で、多くの地下鉄が通勤通学の足として活やくしています。多くの路線で、JRやほかの私鉄との直通運転が行われています。

札幌市交通局
▲北海道の札幌市内に3路線があり、全線がゴムタイヤ式です。写真は南北線の5000形です。

仙台市交通局
▲宮城県の仙台市内に2つの路線があります。写真は、南北線の新型車両3000系です。

東京メトロ【銀座線】
◀東京の銀座をとおり、浅草と渋谷をむすぶ路線です。日本ではじめて開業した古い地下鉄です。写真は渋谷駅で出発をまつ1000系です。

東京メトロ【東西線】
▲中野と千葉県の西船橋をむすぶ路線で、JR中央線や総武線などと直通運転しています。ブルーの帯が目じるしで、写真は15000系です。

東京メトロ【丸ノ内線】
▲池袋と荻窪をむすぶ路線で、中野坂上から方南町方面に枝わかれしています。写真は、地上に出て神田川をわたる2000系です。

東京メトロ【有楽町線】
▲埼玉県の和光市と東京の新木場をむすぶ路線です。写真は17000系です。

東京メトロ【日比谷線】
▲北千住と中目黒をむすび、東武線と乗り入れ運転しています。写真は13000系です。

東京メトロ【南北線】
▲目黒と赤羽岩淵をむすび、東急線や埼玉高速鉄道と乗り入れ運転をしています。写真は9000系です。

東京メトロ【千代田線】
▲北綾瀬と代々木上原をむすび、JR常磐線・小田急線に乗り入れています。写真は16000系です。

東京メトロ【半蔵門線】
▲渋谷と押上をむすび、東急線や東武線などと乗り入れ運転をしています。写真は08系です。

東京メトロ【副都心線】
▲小竹向原と渋谷をむすび、東武線や東急線、横浜高速鉄道みなとみらい線などと乗り入れ運転をしています。写真は10000系です。

東京都交通局【都営新宿線】

▲新宿と千葉県の本八幡をむすぶ路線で、京王線と乗り入れ運転をしています。黄緑色の帯が目じるしで、写真は10-300形です。

東京都交通局【都営三田線】

▲目黒と西高島平をむすぶ路線で、東急線や相鉄線と乗り入れ運転をしています。ブルーの帯が目じるしで、写真は6500形です。

東京都交通局【都営浅草線】

▲西馬込と押上をむすび、京成線や京浜急行線と乗り入れ運転を行っています。写真は鶴見川をわたる5500形です。

東京都交通局【都営大江戸線】

▲都庁前と光が丘をむすび、都心を「6」の字をえがくように、リニアモーター方式※で走ります。写真は12-600形です。

※電磁石が引きあい、反発しあう力を連続的につかって走る方式

横浜市交通局

▲神奈川県の横浜市内を走る地下鉄で、グリーンラインとブルーラインの2つの路線があります。写真はブルーラインの3000形です。

名古屋市交通局
▲名古屋市内に全部で6つの路線があります。写真は自動運転の東山線を走る5050形です。

京都市交通局
▲京都市内を走る地下鉄で、烏丸線と東西線の2つの路線があります。写真は、国際会館と竹田をむすぶ烏丸線の20系です。

Osaka Metro
◀大阪市とそのまわりを走る8つの地下鉄路線と1つのトラムからなります。写真は夢洲と長田をむすぶ中央線を走る400系です。

神戸市交通局
▲神戸市内を走る地下鉄で、大きく3つの路線からなっています。写真は西神・山手線などを走る6000形です。

福岡市交通局
▲福岡市内を走る3つの路線からなります。写真は新車両の4000系で、車体のブルーは、福岡市が面する玄界灘をあらわしています。

39

全国の路面電車・モノレール

日本全国の路面電車とモノレール、新交通システムなどを紹介します。近代的なデザインからレトロ調のものまで、いろいろなデザインの車両が町を走っています。

札幌市電
▲札幌市中心部で、輪をかくようにたくさんの車両が行き来しています。写真は外回り線です。

函館市電
▲函館市内に2路線があります。写真は谷地頭に向かう9600形「らっくる号」です。

都電荒川線
▲ゆいーのこる都電で、三ノ輪橋と早稲田をむすんでいます。写真は8900形です。

東急世田谷線
▲三軒茶屋と下高井戸をむすびます。この路線では道路上を走行する軌道はありません。

東京モノレール
▲モノレール浜松町と羽田空港を、最速でおよそ18分でむすびます。写真は10000形です。

多摩都市モノレール
▲JR中央線立川駅をとおり、上北台と多摩センターを南北にむすびます。写真は1000系です。

ゆりかもめ
▲新橋と豊洲をむすぶ新交通の路線で、無人自動運転を行っています。写真は7500系です。

湘南モノレール
▲神奈川県の大船と湘南江の島をむすぶ、懸垂式モノレールです。写真は5000系です。

千葉都市モノレール
▲こちらも懸垂式モノレールで、千葉市内に2つの路線があります。写真は0形です。

埼玉新都市交通
▲埼玉県の大宮と内宿をむすぶ、ゴムタイヤ式の新交通の路線です。写真は2000系です。

宇都宮ライトレール
▲2023年に開通した、栃木県の宇都宮市内を走るライトレール※の路線です。写真は、乗りおりしやすいようにゆかが低くつくられたHU300形です。
※ふつうの鉄道と路面電車の中間の輸送力をもつ、専用の軌道を走る新しい方式の電車

リニモ
▲愛知県の藤が丘と八草をむすぶ新交通の路線です。無人自動運転で、時速100kmで走ることができます。写真は100形です。

富山地方鉄道
▲富山地方鉄道の路面電車の路線です。写真は「セントラム」の愛称をもつ9000形です。

万葉線
▲富山県高岡市と射水市の2つの路線からなります。写真は「アイトラム」の1000形です。

京福電気鉄道
▲京都市内に2つの路面の路線があります。写真は四条大宮と嵐山をむすぶ嵐山本線です。

阪堺電気軌道
▲大阪市内に2つの路面の路線があります。写真は恵美須町と浜寺駅前をむすぶ阪堺線です。

大阪モノレール
▲大阪市内に2路線あります。写真はモノレールとしては日本最長の本線を走る3000系です。

岡山電気軌道
▲岡山市内に2つの路面の路線があります。写真は岡山駅前に向かう東山本線の7000形です。

広島電鉄
▲広島市内に多くの路線があり、路面電車の博物館のように、いろいろなタイプの車両が行き来しています。写真は超低床車※の5200形で、Greenmover APEXの名前でよばれています。

※ゆかが低く乗りおりしやすい車両

広島高速交通
▲広島市内の本通と広域公園前をむすび、自動運転でゴムタイヤをまわす新交通システムで走行します。写真は7000系です。

伊予鉄道
▲愛媛県松山市内に5つの路線があります。写真は松山市駅に向かうモハ5000形です。

とさでん交通
▲高知市を中心に4つの路面の路線があります。写真は伊野線の超低床車の3000形です。

北九州高速鉄道
▲福岡県の小倉と企救丘をむすぶモノレールです。写真は黄色に塗装された1000系です。

熊本市電
▲熊本市内に5つの路線があります。写真は健軍線を走る低床車の0800形です。

長崎電気軌道
▲長崎市内に5つの路面の路線があります。写真は3号系統を走る6000形です。

鹿児島市電
▲鹿児島市内に4つの路面の路線があります。写真は第二期線を走る主力車両の9500形です。

ゆいレール
▲沖縄県那覇市を中心に走るモノレール路線で、県内でゆいーの鉄道です。写真は2023年に3両編成を始めた1000形です。

全国で活やくするJR電気機関車

たくさんの積荷をのせた長い編成の貨車を、先頭でぐいぐい引っぱるのが電気機関車。全国を走るJR貨物の電気機関車を紹介します。

EH500形

◀おもに東北本線で活やくする貨物列車用の電気機関車です。交流と直流の両区間を走ることができます。「ECO-POWER金太郎」の愛称でよばれ、車体にも金太郎のイラストが入っています。

EH200形

▶中央本線や篠ノ井線、上越線など、坂の多い山間部で貨車を引っぱるために開発されました。「ECO-POWERブルーサンダー」の愛称でよばれています。

EH800形

◀北海道新幹線の開通にともなって、青函トンネルをとおる海峡線で新たに貨車を引っぱるために開発された交流用の電気機関車です。このEH800形には、ほかの機関車のような愛称はついていません。

DF200形

◀おもに北海道の電化されていない区間をとおるために開発された電気式のディーゼル機関車です。写真の200番台は関西本線でも活やくしています。「ECO-POWER レッドベア」の愛称でよばれています。

EF210形

▶東海道本線や山陽本線などで貨車を引っぱるために開発された直流の電気機関車です。最初は岡山機関区に所属されたことから、「ECO-POWER 桃太郎」の愛称でよばれています。写真は300番台です。

EF510形

◀大阪と青森をむすぶ貨物列車区間・日本海縦貫線などで活やくする交流と直流に対応する電気機関車です。「ECO-POWER レッドサンダー」の愛称でよばれています。

45

電車の図鑑❸ 町の電車
さくいん

あ

IRいしかわ鉄道	25
IGRいわて銀河鉄道	7
会津鉄道	7
あいの風とやま鉄道	25
青い森鉄道	6
秋田内陸縦貫鉄道	7
阿武隈急行	7
アルピコ交通	24

い

EH500形	44
EH200形	44
EH800形	44
EF510形	45
EF210形	45
飯田線（JR）	21
伊賀鉄道	23
伊豆急行	22
伊豆箱根鉄道	22
いすみ鉄道	18
一畑電車	33
五日市線（JR）	10
井原鉄道	33
伊予鉄道	43

う

上田電鉄	24
上野東京ライン（JR）	8
内房線（JR）	13
宇都宮ライトレール	41
宇野線（JR）	28
Urara	28

え

叡山電鉄	32
えちごトキめき鉄道	24
えちぜん鉄道	25
江ノ島電鉄	17
遠州鉄道	22

お

奥羽本線（JR）	6
近江鉄道	23

青梅線（JR）	10
大井川鐵道	22
大糸線（JR）	21
大阪環状線（JR）	26
Osaka Metro	39
大阪モノレール	42
大村線（JR）	35
男鹿線（JR）	5
岡山電気軌道	42
小田急電鉄	14
小田急箱根鉄道線	19
小野田線（JR）	28

か

岳南電車	22
鹿児島市電	43
鹿児島本線（JR）	34
鹿島臨海鉄道	19
烏山線（JR）	13
関西本線（JR）	20
関東鉄道	18

き

紀勢本線（JR）	27
北九州高速鉄道	43
久大本線（JR）	34
京都市交通局	39
京都線（JR）	26
京都丹後鉄道	32
近畿日本鉄道	30
銀座線（東京メトロ）	36

く

熊本市電	43
熊本電気鉄道	35
黒部峡谷鉄道	25

け

京王電鉄	15
京成電鉄	16
京阪電気鉄道	31
京浜急行電鉄	15
京浜東北線（JR）	9
京福電気鉄道	42
京葉線（JR）	12

こ

高徳線（JR）	29
弘南鉄道	6
神戸市交通局	39
神戸線（JR）	26
神戸電鉄	33
小海線（JR）	21
五能線（JR）	5
小湊鐵道	18

さ

埼京線（JR）	9
埼玉新都市交通	41
相模線（JR）	11
相模鉄道	17
札幌市交通局	36
札幌市電	40
山陰本線（JR）	27
三岐鉄道	23
山陽電気鉄道	32
山陽本線（JR）	27
三陸鉄道	7

し

静岡鉄道	22
しなの鉄道	24
篠ノ井線（JR）	21
首都圏新都市鉄道	17
上信電鉄	19
湘南新宿ライン（JR）	8
湘南モノレール	41
常磐線（JR）	12
上毛電気鉄道	19
信越本線（JR）	21
新京成電鉄	17

せ

西武鉄道	14
石勝線（JR）	4
石北本線（JR）	4
瀬戸大橋線（JR）	29
仙石線（JR）	6
仙台市交通局	36
泉北高速鉄道	32
釧網本線（JR）	5

そ

総武線（JR）	10
宗谷本線（JR）	5

外房線(JR) ……………………… 13

た

高崎線(JR) …………………… 12
高山本線(JR) ………………… 21
只見線(JR) ……………………… 6
多摩都市モノレール ………… 40

ち

地下鉄 ……………………… 36-39
秩父鉄道 ………………………… 18
千歳線(JR) ……………………… 5
千葉都市モノレール ………… 41
中央線(JR) ……………………… 10
中央本線(JR) ………………… 20
銚子電気鉄道 ………………… 18
千代田線(東京メトロ) ……… 37

つ

津軽鉄道 …………………………… 7
つくばエクスプレス ………… 17
鶴見線(JR) ……………………… 11

て

DF200形 ……………………… 45
電気機関車(JR) …………… 44-45
天竜浜名湖鉄道 ……………… 22

と

東海道本線(JR) …………… 8・20
東急世田谷線 ………………… 40
東急電鉄 ………………………… 16
東京都交通局 ………………… 38
東京メトロ ………………… 36-37
東京モノレール ……………… 40
東西線(東京メトロ) ………… 36
道南いさりび鉄道 ……………… 5
東武鉄道 ………………………… 16
東北本線(JR) ………………… 12
都営浅草線 …………………… 38
都営大江戸線 ………………… 38
都営新宿線 …………………… 38
都営三田線 …………………… 38
土佐くろしお鉄道 …………… 33
とさでん交通 ………………… 43
土讃線(JR) …………………… 29
都電荒川線 …………………… 40
富山地方鉄道 …………… 25・41

な

長崎電気軌道 ………………… 43
長崎本線(JR) ………………… 34
長野電鉄 ………………………… 24
名古屋市交通局 ……………… 39
名古屋鉄道 …………………… 23
名古屋臨海高速鉄道 ……… 23
七尾線(JR) …………………… 21
成田線(JR) …………………… 13
南海電気鉄道 ………………… 31
南武線(JR) …………………… 11
南北線(東京メトロ) ………… 37

に

西日本鉄道 …………………… 35
日豊本線(JR) ………………… 34

の

のと鉄道 ………………………… 25

は

伯備線(JR) …………………… 28
函館市電 ………………………… 40
函館本線(JR) …………………… 4
ハピラインふくい …………… 25
磐越西線(JR) …………………… 6
磐越東線(JR) …………………… 6
阪堺電気軌道 ………………… 42
阪急電鉄 ………………………… 30
阪神電気鉄道 ………………… 31
半蔵門線(東京メトロ) ……… 37
播但線(JR) …………………… 28
阪和線(JR) …………………… 26

ひ

ひたちなか海浜鉄道 ……… 19
日比谷線(東京メトロ) ……… 37
広島高速交通 ………………… 43
広島電鉄 ………………………… 42

ふ

福岡市交通局 ………………… 39
福島交通 …………………………… 7
福知山線(JR) ………………… 27
副都心線(東京メトロ) ……… 37
富士山麓電気鉄道 …………… 24

へ

平成筑豊鉄道 ………………… 35

ほ

BOSO BICYCLE BASE …… 13
北総鉄道 ………………………… 17
北陸鉄道 ………………………… 25
北陸本線(JR) ………………… 20

ま

丸ノ内線(東京メトロ) ……… 36
万葉線 …………………………… 42

み

水戸線(JR) …………………… 13
南阿蘇鉄道 …………………… 35

む

武蔵野線(JR) ………………… 10
室蘭本線(JR) …………………… 4

も

真岡鐵道 ………………………… 18
モノレール ………………… 40-43

や

山手線(JR) ……………………… 9

ゆ

ゆいレール …………………… 43
有楽町線(東京メトロ) ……… 37
ゆりかもめ …………………… 41
由利高原鉄道 …………………… 7

よ

横須賀線(JR) ………………… 10
横浜高速鉄道 ………………… 17
横浜市交通局 ………………… 38
横浜線(JR) …………………… 11
予讃線(JR) …………………… 29
四日市あすなろう鉄道 …… 23

り

リニモ …………………………… 41

ろ

路面電車 …………………… 40-43

わ

若桜鉄道 ………………………… 33
和歌山電鐵 …………………… 33
わたらせ渓谷鐵道 ………… 19

47

● 監修
坂 正博 さか まさひろ
1949年兵庫県生まれ。東京都在住。『ジェー・アール・アール』の編集を担当し、日本全国の鉄道をくまなく自身の足で取材。著書に『JR気動車客車編成表』『列車編成席番表』『普通列車編成両数表』など多数。

● 写真
松本正敏 まつもと まさとし
1962年京都府生まれ。東京都在住。レイルウェイズグラフィックから1997年に独立。機関車を中心に、全国の「鉄道のある風景」を撮り歩くほか、鉄道模型の写真を雑誌に発表中。日本写真家協会(JPS)、日本鉄道写真作家協会(JRPS)会員。

● 構成・文
鎌田達也(グループ・コロンブス)

● 装丁・デザイン
村﨑和寿(murasaki design)

● 図版
Studio K

● 校正
滄流社

● 写真提供・協力
JR各社・株式会社エリエイ・PIXTA

※この本のデータは、2024年10月現在のものです。車両や運行状況などは変わる場合もあります。

NDC680
さか まさひろ
坂正博
でんしゃ ず かん
電車の図鑑3
まち でんしゃ
町の電車
あかね書房　2025年　47p　31cm×22cm

電車の図鑑❸
町の電車

2025年4月6日　初版発行

監修	坂 正博
発行者	岡本光晴
発行所	株式会社あかね書房
	〒101-0065
	東京都千代田区西神田 3-2-1
	電話　03-3263-0641(営業)
	03-3263-0644(編集)
	https://www.akaneshobo.co.jp
印刷	吉原印刷株式会社
製本	株式会社難波製本

ISBN978-4-251-09745-3

©Group Columbus 2025 Printed in Japan
落丁本・乱丁本はおとりかえします。